Lógica para Crianças

conceitos e exercícios

Décio Martins de Medeiros

São Paulo – Brasil

Este livro foi criado com o auxílio de inteligência artificial, utilizando o ChatGPT para geração de textos e ilustrações.

Informações bibliográficas:
Autor: Décio Martins de Medeiros.
Título: Lógica para Crianças.
Subtítulo: conceitos e exercícios.
Local, Ano: São Paulo-Brasil, 2024.
Páginas: 85 páginas tamanho 6”x9”.
Assuntos: 1.Lógica

Sumário

0-Ensinar crianças a pensar 4
1-Introdução ao Pensamento Lógico 6
2-Conceitos Básicos de Lógica 11
3-Sequências e Padrões 16
4-Classificação e Agrupamento 22
5-Comparação e Contraste 27
6-Causa e Efeito 32
7-Resolver Problemas Simples 37
8-Ações e Reações: Condicionais 42
9-Organização e Planejamento 46
10-Raciocínio Dedutivo 51
11-Raciocínio Indutivo 56
12-Problemas com Várias Etapas 61
13-Quebra-Cabeças e Jogos Lógicos 64
14-Introdução à Matemática Lógica 67
15-Conclusão e Aplicação do Pensamento Lógico 71
16-Exercícios 75
17-Os Seis Chapéus 81
Sobre o autor 84

0-Ensinar crianças a pensar

Edward De Bono defendia que, em vez de apenas aprender fatos e procedimentos, as crianças devem ser ensinadas a pensar de maneira crítica, criativa e construtiva.

De Bono também criticava a abordagem tradicional da educação, que muitas vezes enfatiza a memorização e o pensamento linear, em detrimento de estimular a capacidade de resolver problemas de forma criativa. Ele acreditava que, se as crianças fossem ensinadas desde cedo a desenvolver essas habilidades, poderiam se tornar adultos mais inovadores, adaptáveis e bem-sucedidos.

Ele desenvolveu métodos práticos para isso, como os Seis Chapéus do Pensamento, uma ferramenta usada para estimular o pensamento sob diferentes perspectivas, e acreditava que esse tipo de abordagem poderia transformar o modo como os estudantes lidam com problemas, não apenas na escola, mas também na vida cotidiana.

Um livro que ensina pensamento lógico para crianças deve ter uma progressão clara e gradual, que respeite o nível de desenvolvimento cognitivo das crianças.

Começar com conceitos concretos e se mover gradualmente para abstrações mais complexas, sempre com exemplos práticos e atividades divertidas.

1-Introdução ao Pensamento Lógico

Oi, pessoal! Hoje vamos falar sobre algo muito legal e super útil: o **pensamento lógico**! Mas o que será que isso significa e por que é tão importante? Vamos descobrir juntos!

O que é pensamento lógico?

Pensamento lógico é como usar o cérebro para resolver problemas de um jeito organizado, passo a passo. Imagine que você tem um quebra-cabeça para montar: você precisa olhar para as peças, pensar em como elas se encaixam e ir juntando até formar a figura. Isso é pensamento lógico em ação!

Nós usamos o pensamento lógico em várias partes do nosso dia:

-**Na escola**, quando resolvemos problemas de matemática ou respondemos perguntas nas aulas.

-**Em jogos**, como quando jogamos xadrez ou videogame e precisamos planejar nossos próximos passos.
-**Em casa**, quando decidimos a melhor maneira de fazer as tarefas, como arrumar o quarto ou ajudar na cozinha.

Onde usamos o pensamento lógico?

O pensamento lógico aparece em muitos momentos do dia, e às vezes nem percebemos. Ele está lá quando:

-**Fazemos decisões importantes**, como o que fazer primeiro na lição de casa.
-**Resolvemos problemas**, como descobrir por que a bicicleta não está funcionando direito.
-**Entendemos o mundo ao nosso redor**, como perceber que se jogarmos uma bola para cima, ela vai cair.

Por que o pensamento lógico é importante?

Agora que já sabemos o que é, vamos ver por que o pensamento lógico é tão importante! Ele nos ajuda de várias formas:

1.**Resolver problemas**: Quando usamos a lógica, conseguimos pensar com calma e encontrar soluções para as dificuldades que surgem no dia a dia. Se algo não está funcionando, o pensamento lógico te ajuda a descobrir o que fazer para consertar.

2.**Tomar decisões melhores**: Às vezes, precisamos escolher o que fazer primeiro ou como agir em uma situação. O pensamento lógico ajuda a ver qual é a melhor escolha e o motivo disso.

3.**Organizar nossas ideias e tarefas**: Quando usamos a lógica, conseguimos organizar as coisas de forma mais fácil. Isso nos ajuda a planejar o dia, fazer as tarefas em ordem e até entender melhor as lições da escola.

4.**Entender como as coisas funcionam**: O mundo ao nosso redor segue regras, e quando usamos a lógica, conseguimos entender essas regras. Por exemplo, você sabe que quando mistura água e sabão, pode fazer bolhas, certo? Isso é lógica!

Como melhorar o pensamento lógico?

Você pode treinar seu pensamento lógico de várias formas divertidas, como:

-Jogos de quebra-cabeça: Sudoku, xadrez ou montar um Lego ajudam a desenvolver a lógica.
-Resolver problemas: Pense em coisas do dia a dia, como "Se eu tenho 10 balas e como 2, quantas sobram?" Isso é lógica!
-Observar padrões: Tente descobrir padrões ao seu redor. Por exemplo, se os números seguem uma ordem, como "2, 4, 6, 8...", qual será o próximo? Descobrir padrões ajuda muito no pensamento lógico.

Pensamento lógico é um superpoder!

Agora que você sabe o que é pensamento lógico e por que ele é tão importante, pode usá-lo em qualquer situação. Resolver problemas, tomar boas decisões e organizar as ideias vai ficar muito mais fácil. O pensamento lógico é como um superpoder que você pode usar sempre!

Então, da próxima vez que estiver diante de um desafio, lembre-se de usar seu superpoder lógico para vencer!

2-Conceitos Básicos de Lógica

Oi, pessoal! Hoje vamos aprender sobre **lógica**, que é uma maneira de usar a cabeça para pensar e resolver problemas. Vamos falar sobre dois conceitos muito importantes: **fatos e suposições** e a **diferença entre verdadeiro e falso**. Prontos para começar?

O que são fatos?

Um **fato** é algo que é real e verdadeiro, algo que realmente aconteceu ou existe. Por exemplo:

- O sol nasce todas as manhãs.
- A água é molhada.
- 2 + 2 = 4.

Essas coisas são **fatos** porque podemos provar que são verdadeiras. Todos podemos ver e testar essas coisas, e elas não mudam, não importa o que aconteça.

O que são suposições?

Já uma **suposição** é algo que pensamos ou imaginamos, mas não temos certeza se é verdade. É como uma ideia que ainda precisa ser comprovada. Por exemplo:

- Acho que vai chover hoje.
- Meu amigo deve estar em casa agora.
- Talvez eu tire uma boa nota na prova.

Essas são **suposições** porque não temos certeza. Você pode fazer suposições o tempo todo, mas elas nem sempre estão certas.

Diferença entre verdadeiro e falso

Agora que já sabemos o que são fatos e suposições, vamos entender a diferença entre **verdadeiro** e **falso**.

- Algo **verdadeiro** é o que acontece de verdade, o que é um fato. Por exemplo, "A Terra gira em torno do sol" é verdadeiro, porque é um fato que podemos comprovar.

- Algo **falso** é o que não é real, o que não acontece de verdade. Por exemplo, "A lua é feita de queijo" é falso, porque sabemos que a lua não é feita de queijo, né?

Como saber o que é verdadeiro ou falso?

Para descobrir se algo é **verdadeiro** ou **falso**, você pode fazer perguntas e buscar provas! Aqui vão alguns exemplos:

- Se alguém disser que 2 + 2 = 5, você pode verificar fazendo a conta e verá que isso é **falso**. O verdadeiro é 2 + 2 = 4!
- Se alguém disser que vai chover amanhã, você não tem certeza, porque é uma **suposição**. Só quando o dia chegar, você saberá se é **verdadeiro** ou **falso**.

Usando a lógica para pensar melhor

Quando você começa a usar a lógica, pode separar as coisas que são **fatos** daquelas que são apenas **suposições**, e assim descobrir o que é **verdadeiro** ou **falso**. Isso ajuda você a tomar decisões mais inteligentes e a entender o que está acontecendo ao seu redor.

Vamos praticar um pouco? Se alguém disser que "peixes vivem na água", isso é um fato ou uma suposição? Isso mesmo, é um **fato** porque sabemos que peixes vivem na água. Mas se alguém disser "Acho que vai ter bolo na festa", isso é uma suposição, porque a pessoa não tem certeza, certo?

Conclusão

Agora você sabe o que são **fatos**, **suposições** e como diferenciar o que é **verdadeiro** e o que é **falso**. Usar a lógica é uma maneira inteligente de pensar e resolver problemas, e vai ajudar você a tomar decisões melhores no dia a dia!

Então, sempre que estiver em dúvida, lembre-se de usar sua cabeça e pensar com calma: isso é um **fato** ou uma **suposição**? É **verdadeiro** ou **falso**? Você vai se tornar um verdadeiro detetive da lógica!

FATO
FALSO
TUESS

3-Sequências e Padrões

Olá, pessoal! Hoje vamos falar sobre algo muito legal que pode ser encontrado em muitos lugares: **sequências e padrões**! Vamos aprender o que são, como identificar e até criar nossos próprios padrões. Preparados? Vamos lá!

O que são padrões?

Um **padrão** é algo que se repete de forma organizada. Pode ser uma sequência de cores, formas, números ou qualquer coisa que siga uma ordem. Por exemplo, se você olhar uma parede de tijolos, vai perceber que eles estão dispostos de uma maneira que se repete. Isso é um padrão!

Alguns exemplos de padrões são:

-**Cores repetidas**: vermelho, azul, vermelho, azul, vermelho... Qual seria a próxima cor? Azul, certo? Porque o padrão é vermelho e azul se repetindo.

-**Formas**: círculo, quadrado, círculo, quadrado... O que vem depois? Um círculo!

Como identificar padrões?

Identificar padrões é como resolver um mistério. Você precisa observar com atenção e descobrir o que está se repetindo. Vamos ver um exemplo:

Imagine que você vê a sequência de números: 2, 4, 6, 8... Consegue descobrir o padrão? Sim! O padrão é que estamos somando 2 a cada número. E se o padrão continuar, qual será o próximo número? Será o 10!

Então, identificar padrões é como achar a "regra" que faz com que algo se repita.

Criando seus próprios padrões

Agora que sabemos identificar padrões, que tal criarmos nossos próprios? Você pode criar padrões de várias formas:

-**Cores**: Escolha algumas cores e crie uma sequência que se repete, como: amarelo, verde, verde, amarelo, verde, verde...

-**Formas**: Faça uma sequência de formas, como: triângulo, círculo, círculo, triângulo, círculo, círculo...

-**Números**: Tente criar um padrão de números. Por exemplo, escolha somar 3 a cada número: 3, 6, 9, 12...

Quando você cria seus próprios padrões, pode fazer quantas combinações quiser! Use a imaginação!

Completando sequências

Além de identificar e criar padrões, podemos completar sequências que já começaram. Vamos praticar com alguns exemplos:

Sequências numéricas

Olhe para essa sequência: 5, 10, 15, 20... Qual é o próximo número? Se você percebeu que estamos somando 5, o próximo número será 25!

Sequências visuais

Agora, olhe para essa sequência de formas: círculo, quadrado, círculo, quadrado... O que vem depois? Um círculo! Esse é um padrão visual.

Sequências lógicas

Agora pense em uma sequência lógica. Por exemplo: "De manhã o sol nasce, à tarde ele está alto, e à noite ele se põe". O que acontece depois da noite? O sol nasce de novo de manhã! Esse é um exemplo de um **padrão lógico**, algo que acontece de maneira repetida todos os dias.

Por que sequências e padrões são importantes?

Identificar e criar padrões é muito importante, porque ajuda o cérebro a **pensar de forma organizada**. Quando você reconhece padrões, consegue resolver problemas mais rapidamente e entender melhor como as coisas funcionam.

Além disso, padrões estão em toda parte:

- Na natureza: o ciclo das estações do ano segue um padrão.
- Na matemática: as tabelas de multiplicação são cheias de padrões!
- Na música: as notas seguem uma sequência para formar uma melodia.

Conclusão

Agora que você já sabe o que são **sequências** e **padrões**, que tal tentar criar os seus? Lembre-se de que padrões podem ser encontrados em números, cores, formas e até na natureza. Quanto mais você treina o olhar para perceber essas repetições, melhor você fica em resolver problemas e entender o mundo ao seu redor!

Então, divirta-se identificando e criando seus próprios padrões. Quem sabe você descobre um novo padrão incrível!

4-Classificação e Agrupamento

Olá, pessoal! Hoje vamos aprender sobre como **classificar** e **agrupar** objetos. Isso significa organizar as coisas de um jeito que faça sentido, usando características como cor, forma ou tamanho. Vamos descobrir como isso funciona?

O que é classificar?

Classificar significa separar objetos em grupos de acordo com suas **características**. Características são coisas que podemos ver ou sentir, como a cor de algo, o tamanho ou a forma. Por exemplo:

- Se você tem um monte de lápis coloridos, pode classificá-los por **cor**: colocar os vermelhos juntos, os azuis juntos, os amarelos juntos, e assim por diante.
- Se você tem vários brinquedos, pode classificá-los por **tamanho**: brinquedos grandes de um lado e brinquedos pequenos de outro.

Classificar ajuda a colocar as coisas em ordem e torna mais fácil encontrar o que você precisa!

Agrupando objetos por características

Quando você **agrupa** objetos, você coloca juntos os que têm algo em comum. Vamos ver alguns exemplos de como podemos agrupar:

-**Por cor**: imagine que você tem várias bolas de diferentes cores. Você pode fazer um grupo de bolas vermelhas, um grupo de bolas verdes, um grupo de bolas azuis, e assim por diante.

-**Por forma**: se você tiver brinquedos de várias formas, pode colocar todos os brinquedos redondos em um grupo, os quadrados em outro, e os triangulares em outro.

-**Por tamanho**: se você tem bonecos grandes e pequenos, pode fazer um grupo de bonecos grandes e outro grupo de bonecos pequenos.

Organizando objetos

Agora que sabemos como classificar e agrupar, vamos falar sobre **organizar**. Organizar significa colocar as coisas de maneira arrumada e fácil de encontrar. Imagine a bagunça que seria se seus brinquedos estivessem todos misturados! Organizar é uma forma de manter tudo no lugar certo.

Por exemplo, se você organizasse suas roupas, poderia colocar:

-**Camisetas** em uma gaveta,

-**Calças** em outra,

-**Meias** em outra.

Assim, na hora de escolher o que vestir, fica muito mais fácil, porque tudo está no lugar certo!

Vamos praticar?

Agora é a sua vez! Olhe ao seu redor e veja se consegue encontrar coisas que pode classificar e agrupar. Aqui vão algumas ideias:

- Classifique seus lápis de cor em grupos de acordo com as cores.
- Separe os brinquedos maiores dos brinquedos menores.

- Organize suas peças de Lego de acordo com as formas ou tamanhos.

Fazendo isso, você vai perceber como fica muito mais fácil encontrar tudo e manter seu espaço arrumado.

Por que classificar e agrupar é importante?

Classificar e agrupar objetos é uma habilidade muito importante, porque usamos isso o tempo todo, mesmo sem perceber. Quando você ajuda a arrumar a casa ou organiza seus materiais escolares, está usando essas habilidades! Além disso, classificar e agrupar ajuda o cérebro a ficar mais esperto e rápido em resolver problemas.

Conclusão

Agora você já sabe como **classificar** e **agrupar** objetos usando características como cor, forma e tamanho. Classificar e organizar as coisas ao seu redor faz tudo ficar mais fácil e divertido. Então, que tal começar a praticar e organizar suas coisas hoje mesmo? Aposto que vai ser divertido!

Classificação

5-Comparação e Contraste

Oi, pessoal! Hoje vamos falar sobre como comparar coisas e encontrar o que elas têm em comum ou o que as torna diferentes. Isso se chama **comparação e contraste**. Vamos ver como funciona e como isso nos ajuda a resolver problemas.

O que é comparar?

Comparar é olhar para duas ou mais coisas e ver o que elas têm de **parecido**. Por exemplo, pense em uma maçã e uma laranja. Elas são diferentes, mas também têm coisas parecidas:

- Ambas são **frutas**.
- Ambas são **redondas**.
- As duas podem ser comidas como **lanches**.

Então, ao comparar, estamos procurando as **similaridades** entre as coisas.

O que é contrastar?

Agora, **contrastar** é olhar para as **diferenças**. Vamos voltar ao exemplo da maçã e da laranja. O que elas têm de diferente?

- A maçã pode ser **vermelha** ou verde, enquanto a laranja é... bem, **laranja**!
- A maçã tem uma casca **lisa**, e a casca da laranja é mais **rugosa**.
- O sabor da maçã é mais **doce**, e a laranja é mais **ácida**.

Então, quando contrastamos, estamos descobrindo o que faz as coisas **diferentes**.

Por que comparar e contrastar é importante?

Comparar e contrastar ajuda a gente a **entender melhor o mundo** ao nosso redor. Quando comparamos, vemos o que as coisas têm em comum, e isso pode nos ajudar a fazer escolhas. Por exemplo, se você está escolhendo entre uma maçã e uma laranja para o lanche, você pode comparar:

- Qual você acha mais fácil de descascar?
- Qual você gosta mais do sabor?

Isso te ajuda a decidir!

Comparando e contrastando objetos

Vamos praticar mais um pouco! Pense em um cachorro e um gato. O que eles têm em comum?

- Ambos são **animais de estimação**.
- Ambos têm **quatro patas**.
- Ambos são **mamíferos**.

Agora, o que eles têm de diferente?

-**Os cachorros** geralmente gostam de passear, enquanto **os gatos** preferem ficar em casa.

-**Os cachorros** costumam latir, e **os gatos** miam.

-**Os cachorros** gostam de correr atrás da bola, e **os gatos** adoram brincar com fios.

Viu como é legal descobrir as semelhanças e diferenças?

Usando comparações para resolver problemas

Comparar e contrastar também pode te ajudar a resolver problemas. Imagine que você tem dois lápis na sua frente. Um está apontado e o outro não. Qual deles você vai usar para escrever? Provavelmente o que está apontado, certo? Ao comparar os dois, você percebeu a diferença e fez a escolha certa para resolver o problema de escrever.

Ou imagine que você tem dois caminhos para ir até a escola: um caminho é mais curto, mas cheio de buracos, e o outro é mais longo, mas tranquilo. Comparando os dois, você pode escolher o que é melhor para você. Esse é o poder de comparar e contrastar!

Vamos praticar?

Agora é a sua vez! Que tal pegar dois brinquedos ou dois objetos diferentes e comparar? Veja o que eles têm de parecido e o que é diferente. Você pode até fazer isso com conceitos, como comparar dois esportes ou dois tipos de comida.

Conclusão

Agora que você sabe como **comparar** e **contrastar**, pode usar essa habilidade em muitas situações do dia a dia. Seja para escolher o que comer, qual caminho seguir ou qual brinquedo usar, comparar e contrastar ajuda você a tomar **boas decisões** e a resolver problemas. Lembre-se de sempre observar as **similaridades** e as **diferenças**!

Que tal começar agora?

6-Causa e Efeito

Olá, pessoal! Hoje vamos aprender sobre uma coisa superimportante chamada **causa e efeito**. Esse é o nome que damos quando algo acontece por causa de outra coisa. Vamos entender melhor como isso funciona no nosso dia a dia!

O que é causa e efeito?

A **causa** é o motivo pelo qual alguma coisa acontece. O **efeito** é o que acontece depois. Por exemplo, pense em quando você chuta uma bola. O que acontece? A bola se mexe, não é? O ato de chutar a bola é a **causa** e o movimento da bola é o **efeito**.

Vamos ver mais exemplos para ficar mais fácil de entender.

Exemplos de causa e efeito no dia a dia

1.**Esquecer de fazer o dever de casa** (causa) -> **Levar bronca da professora** (efeito).

2.**Regar as plantas todos os dias** (causa) -> **Elas crescem fortes e verdes** (efeito).

3.**Brincar na lama com sapatos brancos** (causa) -> **Os sapatos ficam sujos** (efeito).

Como você pode ver, sempre tem algo que acontece primeiro (a causa) e algo que acontece depois (o efeito).

Exploração de cenários do dia a dia

Agora vamos explorar algumas situações que acontecem no nosso dia a dia e ver como o **causa e efeito** aparece nelas.

Cenário 1: Derrubar um copo de suco

Imagine que você está tomando suco e, sem querer, derruba o copo. A **causa** aqui é que o copo foi empurrado. E qual é o **efeito**? O suco cai na mesa e faz uma bagunça!

Isso mostra como uma ação (derrubar o copo) pode ter uma consequência (suco derramado).

Cenário 2: Não dormir cedo

Agora imagine que você foi dormir tarde e não descansou bem. O que acontece no dia seguinte? Você vai estar **cansado** na escola. A **causa** é dormir tarde, e o **efeito** é se sentir cansado.

Cenário 3: Comer muito doce

E se você come muitos doces? A **causa** aqui é comer doce demais. O **efeito** pode ser que você fique com dor de barriga. Então, sempre que a gente faz algo, precisamos pensar nas consequências!

Como o causa e efeito nos ajuda?

Entender **causa e efeito** nos ajuda a tomar **boas decisões**. Se você sabe que algo ruim pode acontecer por causa de uma ação, talvez seja melhor não fazer aquilo. Por exemplo, se você sabe que correr dentro de casa pode fazer você cair e se machucar, vai pensar duas vezes antes de correr, certo?

Também ajuda a resolver problemas! Imagine que você está jogando um jogo e algo dá errado. Você pode pensar: "O que eu fiz que causou esse erro?" Assim, você pode mudar o que fez para resolver o problema.

Vamos praticar!

Agora é a sua vez! Pense em alguma coisa que aconteceu hoje e pergunte a si mesmo: "Qual foi a **causa** disso? E qual foi o **efeito**?" Isso vai te ajudar a entender melhor como o mundo funciona e como as coisas que fazemos têm consequências.

Conclusão

O **causa e efeito** está em toda parte! Desde o momento que você acorda até a hora de dormir, tudo o que você faz pode ter uma consequência. Por isso, é sempre bom prestar atenção nas suas ações e pensar no que pode acontecer depois. Lembre-se: toda **causa** tem um **efeito**!

Que tal começar agora? Pense em uma ação e o que aconteceu por causa dela!

7-Resolver Problemas Simples

Oi, pessoal! Hoje vamos falar sobre uma coisa muito legal: **como resolver problemas simples usando o raciocínio lógico**. Você já tentou resolver um enigma ou encontrar uma solução para alguma coisa e se perguntou: "Como eu posso descobrir isso?" Vamos ver como usar a nossa mente para resolver esses desafios!

O que é um problema lógico?

Um **problema lógico** é uma situação em que precisamos pensar para encontrar a solução. Muitas vezes, não é algo difícil, mas precisamos prestar atenção e usar nosso raciocínio. É como brincar com um quebra-cabeça: você vai juntando as peças até que tudo faça sentido.

Exemplos de problemas simples

Vamos ver alguns exemplos para você entender melhor:

1.**Enigma dos chapéus coloridos**: Imagine que você tem 3 chapéus, um vermelho, um azul e um verde. E agora você quer escolher um chapéu para usar. Se você começar pelo chapéu azul, quantos chapéus sobram para escolher? A resposta é 2, porque ainda tem o vermelho e o verde! Fácil, né?

2.**Contando maçãs**: Se você tem 5 maçãs e dá 2 para seu amigo, quantas maçãs você ainda tem? Você fica com 3, porque 5 menos 2 é igual a 3. Isso é um exemplo de como usamos a matemática para resolver problemas simples no dia a dia.

3.**Organizando brinquedos**: Você tem 4 brinquedos: uma bola, um carro, uma boneca e um livro. Qual é o maior? Pensando sobre o tamanho de cada um, você pode dizer que a bola é o maior brinquedo.

Como resolver esses problemas?

Aqui vão algumas dicas para te ajudar a resolver **problemas simples**:

1. **Pense com calma**: Antes de responder, pare e pense no que o problema está pedindo. Às vezes, quando lemos com atenção, já encontramos a resposta.

2. **Divida em partes**: Se o problema parecer complicado, tente dividi-lo em partes menores. Isso torna mais fácil encontrar a solução.

3. **Use exemplos**: Tente imaginar o problema acontecendo com coisas do seu dia a dia. Como no exemplo das maçãs, fica mais fácil pensar em uma situação que você conhece.

4. **Tente diferentes formas**: Se você não encontrou a resposta de primeira, tente pensar em outras maneiras de resolver. Não tenha medo de testar!

Praticando o raciocínio lógico

Vamos fazer um exercício juntos!

Problema 1: João tem 6 bolas e Maria tem 4 bolas. Quantas bolas eles têm juntos? A resposta é 10, porque 6 mais 4 é igual a 10. Viu como foi simples?

Problema 2: Ana tem um caderno azul e um vermelho. Ela empresta o caderno azul para Pedro. Qual caderno ela ainda tem? O caderno vermelho, porque o azul está com Pedro!

Esses são exemplos de como você pode usar seu raciocínio lógico para resolver coisas no seu dia a dia!

Conclusão

Resolver problemas simples é uma habilidade importante para a vida! Usando a lógica e pensando com calma, você consegue encontrar soluções para os desafios. Agora, que tal tentar criar seus próprios problemas para resolver? Use sua imaginação e divirta-se pensando nas respostas!

8-Ações e Reações: Condicionais

Oi, pessoal! Hoje vamos falar sobre uma ideia muito interessante chamada **condicionais**, ou, como gostamos de dizer, **"se... então..."**. É uma maneira de pensar que ajuda a entender como as coisas funcionam no nosso dia a dia. Vamos explorar isso juntos!

O que é "se... então..."?

A expressão **"se... então..."** é usada para explicar o que acontece quando fazemos uma escolha ou tomamos uma decisão. É como uma regra que diz: **Se** você fizer uma coisa, **então** outra coisa vai acontecer.

Por exemplo:

-**Se** você jogar uma bola na parede, **então** ela vai voltar para você.

-**Se** você estudar para a prova, **então** você pode tirar uma boa nota.

Viu? O **se** mostra o que você faz, e o **então** mostra o que acontece por causa disso.

Como isso funciona na nossa vida?

O conceito de **"se... então..."** aparece o tempo todo! Vamos ver mais exemplos para entender melhor:

-**Se** você plantar uma semente, **então** uma plantinha vai crescer.

-**Se** você cuidar do seu cachorro, **então** ele vai ser feliz e saudável.

-**Se** você esquecer de colocar o casaco, **então** pode ficar com frio.

Essas situações mostram como nossas escolhas e ações afetam o que acontece depois.

Decisões e escolhas

Todo dia nós fazemos **escolhas**, e essas escolhas podem levar a diferentes **resultados**. Pensar em **"se... então..."** pode te ajudar a fazer decisões melhores. Vamos ver alguns exemplos:

-**Se** eu brincar com todos os meus brinquedos, **então** eu preciso guardá-los depois.

-**Se** eu tomar água, **então** vou me sentir mais disposto.

-**Se** eu pedir desculpas ao meu amigo, **então** podemos voltar a brincar juntos.

Pensar desse jeito nos ajuda a entender que nossas ações têm consequências, ou seja, elas levam a coisas que acontecem por causa do que fizemos.

Como você pode usar o "se... então..."?

Você pode usar o **"se... então..."** para resolver problemas e tomar decisões. Vamos praticar com algumas perguntas:

1. **Se** você deixar seu quarto arrumado, **então** o que pode acontecer?
2. **Se** você ajudar seu irmão com a lição de casa, **então** como ele vai se sentir?
3. **Se** você comer todas as frutas no lanche, **então** o que vai acontecer com sua energia?

Pensando nas respostas, você consegue ver como as escolhas que fazemos influenciam o que vem depois.

Conclusão

Entender o **"se... então..."** é superimportante porque nos ensina que cada ação que fazemos tem uma reação. Quanto mais pensamos antes de tomar uma decisão, melhor podemos prever o que vai acontecer. Agora, que tal usar o **"se... então..."** para resolver problemas e fazer escolhas inteligentes todos os dias?

Se você aprender isso bem, então estará pronto para tomar ótimas decisões no futuro!

9-Organização e Planejamento

Oi, pessoal! Hoje vamos aprender sobre algo superimportante que pode nos ajudar em várias situações: **organização e planejamento**! Quando sabemos como organizar as etapas para fazer algo, tudo fica mais fácil e rápido. Vamos entender melhor com exemplos divertidos!

Como organizar as etapas para resolver um problema?

Quando temos um problema para resolver, pode parecer complicado no começo. Mas se dividirmos o problema em **etapas menores**, ele fica bem mais simples! Vamos imaginar que você quer montar um brinquedo novo. Você precisa seguir as instruções em ordem, certo? Isso é **organização**!

Aqui estão algumas dicas para organizar as etapas e resolver qualquer problema:

1. **Entenda o que precisa ser feito** – Qual é o problema que você quer resolver?
2. **Divida em partes menores** – O que você pode fazer primeiro? E depois? Qual será o último passo?
3. **Faça as coisas na ordem certa** – Siga o passo a passo até terminar o que precisa fazer.

Por exemplo, se o seu problema é arrumar o quarto, você pode:

- Primeiro, separar os brinquedos.
- Depois, colocar os livros na estante.
- Por último, arrumar a cama.

Exercícios com sequência de ações

Agora vamos pensar em algumas coisas do nosso dia a dia que precisam de organização. Vamos praticar a **sequência de ações**! Aqui estão alguns exemplos que você pode tentar em casa:

Exemplo 1: A ordem para se vestir

Quando você se veste, há uma ordem para colocar cada peça de roupa. Imagine a sequência:

1. Primeiro, coloque as meias.

2. Depois, coloque a camiseta.
3. Em seguida, vista as calças.
4. Por fim, coloque os sapatos.

Seguir essa ordem ajuda você a se vestir de maneira rápida e sem esquecer nada!

Exemplo 2: Preparando uma receita simples

Que tal preparar um sanduíche? Para isso, também precisamos de uma sequência de ações:

1. Primeiro, pegue duas fatias de pão.
2. Depois, espalhe o recheio (como queijo ou presunto).
3. Em seguida, coloque os ingredientes adicionais, como tomate ou alface.
4. Por fim, feche o sanduíche com a outra fatia de pão.

Se você fizer as etapas na ordem correta, vai acabar com um delicioso sanduíche prontinho para comer!

Planejamento faz a diferença

Planejar é quando você pensa no que vai fazer **antes** de começar. Isso evita confusão e ajuda a economizar tempo. Quando você organiza suas ideias e faz um plano, fica muito mais fácil alcançar seu objetivo. Aqui estão algumas ideias para te ajudar a planejar melhor:

-**Faça uma lista de passos** – Escreva ou pense no que precisa ser feito, como um "plano de ação".

-**Seja paciente** – Nem tudo acontece de uma vez. Siga seu plano e faça uma coisa de cada vez.

-**Revise o que já fez** – Depois de completar cada etapa, veja se tudo está certo antes de ir para o próximo passo.

Conclusão

Aprender a se organizar e planejar é uma habilidade muito útil! Quando você sabe por onde começar e como seguir em frente, tudo fica mais fácil e divertido. Então, que tal praticar isso no seu dia a dia? Lembre-se: **organização** e **planejamento** são como um mapa que nos mostra o caminho certo!

10-Raciocínio Dedutivo

Oi, pessoal! Hoje vamos falar sobre uma habilidade superinteressante: o **raciocínio dedutivo**! Esse é um jeito de pensar que nos ajuda a descobrir coisas novas usando informações que já sabemos. Parece complicado, mas você vai ver que é bem legal e que pode ser útil em várias situações do dia a dia!

O que é o raciocínio dedutivo?

Raciocínio dedutivo é quando você usa algumas pistas ou informações para chegar a uma conclusão. É como ser um detetive! Imagine que você tem algumas pistas e precisa descobrir o que elas significam. O raciocínio dedutivo te ajuda a juntar essas pistas e a entender o que está acontecendo.

Vamos ver um exemplo:

-**Pista 1:** Está chovendo lá fora.

-**Pista 2:** Quando chove, as ruas ficam molhadas.

Conclusão: A rua está molhada porque está chovendo!

Como funciona o raciocínio dedutivo?

O raciocínio dedutivo funciona assim:

1. Você observa as informações que tem.
2. Pensa nas regras ou nos fatos que você já conhece.
3. Usa essas informações para chegar a uma resposta.

Imagine outro exemplo:

-**Pista 1:** Todos os cachorros gostam de brincar.

-**Pista 2:** Max é um cachorro.

Conclusão: O Max gosta de brincar.

Simples, né? Com raciocínio dedutivo, você usa as informações que já sabe para entender coisas novas.

Concluindo algo a partir de um conjunto de informações

Quando você tem várias pistas, pode usá-las para tirar conclusões. Vamos fazer um exercício juntos para ver como isso funciona:

Exemplo:

-**Pista 1:** Lúcia é mais alta que Pedro.
-**Pista 2:** Pedro é mais alto que Maria.

Pergunta: Quem é mais alto, Lúcia ou Maria?

Conclusão: Lúcia é mais alta que Maria, porque Lúcia é mais alta que Pedro e Pedro é mais alto que Maria!

Viu como conseguimos descobrir algo novo usando o raciocínio dedutivo? É só pensar com calma e juntar as pistas!

Por que o raciocínio dedutivo é importante?

Raciocínio dedutivo é muito útil para resolver problemas e para entender o mundo ao nosso redor. Quando você aprende a pensar assim, pode:

- Resolver mistérios e quebra-cabeças.
- Tomar decisões mais seguras.
- Usar informações para entender coisas novas.

Exercício para praticar

Vamos tentar mais um exercício de raciocínio dedutivo!

-**Pista 1:** Todos os gatos gostam de dormir ao sol.
-**Pista 2:** Mimi é uma gata.

Pergunta: Será que a Mimi gosta de dormir ao sol?

Conclusão: Sim, Mimi gosta de dormir ao sol, porque todos os gatos gostam e ela é uma gata!

Conclusão

O raciocínio dedutivo é uma ferramenta poderosa que ajuda a entender o mundo e a resolver problemas de maneira lógica. Então, da próxima vez que você tiver algumas pistas, lembre-se de usar o raciocínio dedutivo para descobrir a resposta!

11-Raciocínio Indutivo

Oi, pessoal! Hoje vamos aprender sobre o **raciocínio indutivo**, uma maneira bem legal de pensar e descobrir coisas novas. Ele é diferente do raciocínio dedutivo, que vimos antes. Com o raciocínio indutivo, você observa coisas ao seu redor, reconhece padrões e, com isso, consegue fazer previsões ou imaginar o que pode acontecer. Vamos aprender mais sobre como isso funciona!

O que é o raciocínio indutivo?

O raciocínio indutivo é como um "superpoder" para notar padrões e entender como as coisas se repetem. Quando você usa o raciocínio indutivo, observa várias situações parecidas e, a partir delas, cria uma regra geral para adivinhar o que vai acontecer depois. Esse jeito de pensar ajuda você a fazer previsões com base no que já viu!

Exemplo: Imagine que você percebe que, todos os dias de manhã, o sol nasce e o céu fica claro. Com essa observação, você pode fazer a previsão de que amanhã, de manhã, o sol vai nascer também e o céu vai ficar claro!

Como reconhecer padrões?

Padrões são sequências ou repetições que vemos em várias coisas no dia a dia. Para reconhecer um padrão, observe o que se repete e tente ver se você encontra uma "regra". Vamos ver um exemplo fácil:

-**Exemplo:** Imagine uma sequência de formas: círculo, quadrado, círculo, quadrado, círculo. Qual forma vem em seguida? Se você pensou "quadrado", acertou! Isso é porque você notou o padrão de alternância entre círculo e quadrado.

Reconhecer padrões é algo muito útil, porque te ajuda a entender o que pode acontecer depois e a prever situações.

Exercícios práticos de observação

Vamos fazer alguns exercícios para praticar o raciocínio indutivo e reconhecer padrões. Observe os exemplos abaixo e tente imaginar o que virá a seguir:

1.**Sequência de números:** 2, 4, 6, 8, ___. Qual número virá depois?

Resposta: O número 10! A sequência segue um padrão de adicionar 2 ao número anterior.

2.**Dias da semana:** Se hoje é segunda-feira, e ontem foi domingo, qual será o dia amanhã?

Resposta: Terça-feira! Aqui, você usou o raciocínio indutivo para seguir a ordem dos dias da semana.

3.**Previsão do clima:** Se nos últimos três dias choveu sempre à tarde, qual a sua previsão para hoje à tarde?

Resposta: Provavelmente, você diria que pode chover novamente, pois percebeu o padrão dos dias anteriores.

Como usar o raciocínio indutivo para entender o mundo

O raciocínio indutivo ajuda a fazer previsões e entender o que está acontecendo ao seu redor. Ao notar padrões e repetições, você consegue criar uma "regra geral" sobre como as coisas funcionam. Claro, nem sempre essa regra será 100% certa, mas ela pode te dar uma boa ideia.

Exemplo do mundo animal: Se você observar várias aves e notar que todas têm bico e penas, pode concluir que provavelmente todas as aves têm bico e penas. Isso é uma previsão com base nas observações que você fez!

Conclusão

O raciocínio indutivo é muito útil para prever o que pode acontecer e para descobrir como o mundo funciona. Ao observar e reconhecer padrões, você pode fazer suposições e criar regras que ajudam a entender melhor as coisas. Então, da próxima vez que ver algo se repetindo, pense como um detetive indutivo e veja se consegue encontrar o padrão!

7 – 2
7 – 10
2

12-Problemas com Várias Etapas

Olá, pessoal! Hoje vamos falar sobre como resolver problemas que têm várias etapas. Às vezes, a gente precisa pensar em mais de uma coisa para encontrar uma resposta. Isso pode parecer difícil no começo, mas com algumas dicas, fica mais fácil. Vamos aprender juntos!

O Que São Problemas com Várias Etapas?

Alguns problemas não se resolvem com uma única resposta rápida. Imagine que você quer fazer um bolo. Para isso, você não pode apenas misturar tudo de qualquer jeito e colocar no forno. Primeiro, você precisa separar os ingredientes, misturar na ordem certa e só depois levar ao forno. Esse é um exemplo de problema com várias etapas!

Como Resolver Passo a Passo

Para resolver problemas com várias etapas, a gente precisa dividir o problema em partes menores. Vamos ver como fazer isso:

1. **Leia o Problema com Atenção:** Entenda tudo o que o problema pede. Se precisar, leia de novo!

2. **Divida em Partes Menores:** Pegue o problema grande e separe-o em pequenos passos. Por exemplo, se for um problema de matemática, faça uma conta de cada vez.

3. **Siga os Passos com Calma:** Vá resolvendo cada etapa uma de cada vez, sem pular nenhuma.

4. **Junte Todas as Respostas no Final:** Quando resolver cada parte, junte todas as respostas para ter a solução completa do problema.

Um Exemplo Prático

Imagine que você quer montar um quebra-cabeça grande. Primeiro, você pode separar as peças pelas cores. Depois, começa a juntar as bordas. Aos poucos, vai colocando as peças no lugar certo até formar a figura completa.

Pratique em Casa

Agora que você já sabe o que são problemas com várias etapas, que tal praticar? Peça ajuda de um adulto para encontrar alguma tarefa com várias etapas, como montar um brinquedo novo ou arrumar seus materiais da escola.

Pronto! Agora você já sabe como resolver problemas com várias etapas. Pode acreditar: com prática, você ficará muito bom nisso!

13-Quebra-Cabeças e Jogos Lógicos

Oi, pessoal! Vamos falar sobre quebra-cabeças e jogos lógicos? Esses jogos não só são divertidos, mas também ajudam a exercitar o cérebro! Eles ensinam a pensar com calma e a resolver problemas de formas criativas. Prontos para saber mais?

O Que São Quebra-Cabeças e Jogos Lógicos?

Quebra-cabeças e jogos lógicos são jogos onde você precisa usar o raciocínio para encontrar a resposta certa. Não é só sorte, é preciso pensar! Quando você joga, aprende a observar, a descobrir padrões e a encontrar soluções. Cada jogo tem um desafio diferente e, quanto mais você joga, mais fácil fica de resolver!

Exemplos de Quebra-Cabeças e Jogos Divertidos

1.**Sudoku:** Já ouviu falar do Sudoku? Esse é um jogo de números onde você precisa completar quadrados com números de 1 a 9, mas sem repetir nenhum número em cada linha, coluna e bloco. Parece difícil, mas é divertido e faz bem para o cérebro!

2.**Quebra-Cabeças Tradicional:** Em um quebra-cabeça de peças, você precisa encaixar cada pedacinho até formar uma imagem completa. Comece pelas bordas e vá para o meio — logo você verá a imagem se formando!

3.**Jogos de Tabuleiro Lógicos:** Jogos como o Xadrez e o Damas são ótimos para pensar logicamente. Cada movimento importa, e você precisa planejar para ganhar. São ótimos para aprender a estratégia!

4.**Jogos de Encontrar Padrões:** Existem também jogos onde você precisa encontrar padrões, como sequências de cores ou formas. Quanto mais padrões você identificar, mais rápido conseguirá resolver.

Por Que Quebra-Cabeças São Importantes?

Quebra-cabeças e jogos lógicos ajudam o cérebro a crescer mais forte e esperto. Eles ensinam a ter paciência, a pensar antes de agir e a resolver problemas passo a passo. Além disso, esses jogos são muito divertidos!

Pronto para Jogar?

Agora que você sabe um pouco sobre quebra-cabeças e jogos lógicos, que tal experimentar? Você pode pedir ajuda de um adulto para aprender novos jogos e até jogar junto! É uma ótima forma de se divertir e aprender ao mesmo tempo.

Divirta-se jogando e aprendendo!

14-Introdução à Matemática Lógica

Oi, pessoal! Hoje vamos aprender algo super interessante: como a matemática pode nos ajudar a resolver problemas de forma lógica! Isso quer dizer que, além de usar números e fazer contas, vamos aprender a organizar os passos para encontrar uma resposta. Vamos descobrir o que são "instruções" e "algoritmos" e ver como usá-los para resolver problemas!

Usando Números e Operações Simples

A matemática lógica é quando usamos números, como 1, 2, 3, e também operações simples, como a soma (+) e a subtração (–), para resolver problemas. Imagine que você tem 3 balas e ganha mais 2. Para descobrir quantas balas tem ao todo, você pode somar 3 + 2. Esse tipo de cálculo ajuda a resolver pequenos desafios do dia a dia.

Mas a matemática lógica também é ótima para resolver problemas maiores. Imagine que você tem 10 figurinhas e quer dividir igualmente entre você e um amigo. Como fazer isso? Podemos usar uma divisão simples para descobrir!

Instruções e Algoritmos

Agora, o que são instruções e algoritmos?

-**Instruções** são passos que você precisa seguir para fazer algo. Por exemplo, quando você quer fazer um suco de laranja, primeiro você precisa pegar a laranja, depois espremer, e finalmente colocar o suco em um copo. Esses passos são instruções!

-**Algoritmo** é uma sequência de instruções que levam a um resultado. É como uma "receita" para resolver um problema! Por exemplo, se você quer saber quantas balas terá depois de ganhar mais algumas, você pode seguir um algoritmo que diz "1) Contar quantas balas você tem agora; 2) Somar as novas balas."

Explorando com Algoritmos

Quer tentar criar um algoritmo? Vamos pensar em como sair de casa para ir ao parque. Primeiro, vestimos a roupa, depois calçamos o tênis, pegamos a chave e saímos pela porta. Esse é um exemplo de um algoritmo!

Na matemática, esses passos nos ajudam a resolver problemas de forma organizada. Quando temos um desafio que parece difícil, separamos em pequenos passos, seguindo um por um, até encontrar a solução.

Brincando com a Matemática Lógica

Você pode usar o que aprendeu sobre instruções e algoritmos para resolver desafios matemáticos, como adivinhar quantas moedas estão em uma caixa ou resolver quebra-cabeças com números. Isso torna a matemática mais divertida e desafiadora!

Conclusão

A matemática lógica nos ensina a pensar de forma organizada e a resolver problemas com passos bem definidos. Com números, operações simples e algoritmos, você consegue solucionar muitos desafios, como dividir, somar, ou até mesmo montar um brinquedo seguindo instruções. Agora que você já conhece um pouco sobre matemática lógica, experimente usar essas ideias no dia a dia. Divirta-se explorando o mundo dos números e da lógica!

15-Conclusão e Aplicação do Pensamento Lógico

Oi, pessoal! Ao longo do nosso aprendizado, nós conhecemos várias formas de usar o pensamento lógico para resolver problemas e entender o mundo ao nosso redor. Agora vamos revisar o que aprendemos e descobrir como podemos usar esse pensamento inteligente todos os dias, seja na escola, em casa ou enquanto brincamos!

Revisão dos Conceitos Aprendidos

1.**Classificação e Agrupamento:** Aprendemos a classificar objetos e ideias, separando-os por cores, formas, tamanhos e outras características. Essa habilidade nos ajuda a organizar e entender melhor as coisas.

2.**Sequências e Padrões:** Compreendemos como identificar e completar padrões, como uma sequência de números ou de cores. Isso é útil para prever o que vem em seguida.

3.**Causa e Efeito:** Vimos que toda ação tem uma consequência. Por exemplo, se regarmos uma planta, ela cresce; se esquecermos, ela fica triste e murcha.

4.**Resolver Problemas:** Aprendemos a dividir problemas em partes menores para resolver com calma e inteligência.

5.**Ações e Reações:** Entendemos o conceito de "se... então...", que ajuda a prever resultados com base nas escolhas que fazemos.

6.**Raciocínio Dedutivo e Indutivo:** Com esses tipos de raciocínio, aprendemos a fazer conclusões baseadas em informações e a reconhecer padrões para fazer previsões.

Como Usar o Pensamento Lógico no Dia a Dia

Na Escola:

- Quando temos tarefas de matemática, o pensamento lógico ajuda a resolver problemas com números e entender sequências.
- Na leitura, quando analisamos uma história, podemos usar a lógica para prever o que o personagem fará a seguir.

Em Casa:

- A lógica nos ajuda a organizar nossos materiais e brinquedos. Se agruparmos os objetos de acordo com características, fica mais fácil de encontrar depois.
- Na cozinha, podemos seguir uma receita passo a passo, pensando no que precisamos fazer primeiro e o que vem depois.

Enquanto Brincamos:

- Nos jogos de tabuleiro ou quebra-cabeças, a lógica é importante para decidir a melhor jogada e resolver desafios.
- Quando brincamos de construir algo, usamos a lógica para escolher as peças certas e garantir que a estrutura seja forte.

Por Que o Pensamento Lógico é Importante?

Quando usamos o pensamento lógico, somos capazes de tomar decisões mais inteligentes, resolver problemas com facilidade e entender melhor o mundo ao nosso redor. Ele ajuda em tudo, desde a organização dos nossos materiais até a criação de estratégias para jogos e brincadeiras. E o mais legal é que, com a prática, ele só melhora!

Então, sempre que precisar resolver um problema ou tomar uma decisão, lembre-se de tudo o que aprendeu aqui. O pensamento lógico vai estar ao seu lado, ajudando você a encontrar as melhores soluções!

16-Exercícios

Aqui vai uma série de exercícios voltada para crianças, abordando cada um dos 15 capítulos:

1. Introdução ao Pensamento Lógico

-**Pergunta:** O que significa pensar de maneira lógica? Você consegue dar um exemplo do que seria pensar logicamente?

-**Atividade:** Em um papel, desenhe ou escreva uma situação onde é importante pensar com lógica, como ao montar um quebra-cabeça.

2. Conceitos Básicos de Lógica

-**Exercício:** Marque com um "V" para verdadeiro e um "F" para falso:

- O céu é azul. (__)
- Um elefante é menor que uma formiga. (__)

-**Desafio:** Crie duas frases, uma verdadeira e uma falsa, e peça a alguém para adivinhar qual é qual.

3. **Sequências e Padrões**

-**Atividade:** Complete a sequência numérica: 2, 4, 6, __, __, 12.

-**Desafio Visual:** Crie um padrão usando formas geométricas (ex: círculo, quadrado, triângulo) e peça a um amigo para adivinhar qual forma vem a seguir.

4. Classificação e Agrupamento

-**Exercício:** Separe os itens abaixo em dois grupos: frutas e animais.

- Banana, cachorro, maçã, gato, uva

-**Atividade**: Pegue uma caixa de lápis de cor e agrupe-os por cor, depois, agrupe-os por tamanho.

5. Comparação e Contraste

-**Pergunta:** Quais são as diferenças entre um leão e um gato?

-**Atividade:** Escolha dois brinquedos ou objetos e descreva o que eles têm em comum e o que é diferente entre eles.

6. Causa e Efeito

-**Exercício:** Pense no que acontece "se" você deixar uma bola solta em uma descida. O que acontece "então"?

-**Atividade:** Em um papel, desenhe uma situação que mostre um evento e o que ele causa, como um copo caindo e a água derramando.

7. Resolver Problemas Simples

-**Problema:** Se você tem 3 maçãs e ganha mais 2, quantas maçãs você tem agora?

-**Desafio:** No caminho para a escola, observe algo que pareça um problema simples e pense em uma solução, como ajudar alguém que perdeu um lápis.

8. Ações e Reações: Condicionais

-**Exercício:** Complete a frase: "Se estiver chovendo, então eu vou ___."

-**Atividade:** Desenhe uma situação onde "se" você escolher um caminho, "então" terá um resultado específico (ex: se comer o lanche agora, então não terá mais para mais tarde).

9. Organização e Planejamento

-**Atividade:** Escreva ou desenhe os passos para se preparar para a escola (ex: levantar, escovar os dentes, vestir a roupa).

-**Desafio:** Crie uma lista de ações necessárias para montar um sanduíche e as organize na ordem correta.

10. Raciocínio Dedutivo

-**Exercício:** Se todos os gatos têm bigodes, e o Totó é um gato, ele tem bigodes? (__Sim / __Não)

-**Atividade:** Pense em três pistas para que alguém descubra o animal que você está pensando (ex: vive na água, é grande, tem dentes afiados — resposta: tubarão).

11. Raciocínio Indutivo

-**Exercício:** Observe a sequência e diga o que virá a seguir: Sol, Lua, Sol, Lua, __.

-**Atividade:** Olhe para a natureza (ex: as estações) e tente identificar um padrão, como folhas que caem no outono.

12. Problemas com Várias Etapas

-**Problema:** Você precisa fazer uma lista de compras para um piquenique. Que coisas precisa para isso? (1. Comida; 2. Bebidas; 3. Jogos)

-**Desafio:** Escolha uma tarefa, como montar um brinquedo ou fazer uma receita simples, e separe os passos necessários para concluí-la.

13. Quebra-Cabeças e Jogos Lógicos

-**Exercício:** Tente resolver um quebra-cabeça de 3x3 peças. Quanto tempo você leva?

-**Atividade:** Aprenda as regras de um jogo lógico simples, como o Sudoku, e preencha uma grade de 4x4.

14. Introdução à Matemática Lógica

-**Exercício:** Resolva: 5 + 3 = __. Agora, use essa resposta para resolver 8 - 2 = __.

-**Atividade:** Imagine um algoritmo simples para se preparar para a escola. Escreva ou desenhe cada passo até sair de casa.

15. Conclusão e Aplicação do Pensamento Lógico

-**Atividade:** Revise um dos exercícios de raciocínio que você mais gostou e mostre para alguém o que aprendeu.

-**Desafio:** Durante o próximo jogo ou brincadeira, tente aplicar o pensamento lógico. Por exemplo, se estiver jogando um jogo de tabuleiro, planeje sua próxima jogada com antecedência.

17-Os Seis Chapéus

Aqui está um exercício interativo para ensinar a técnica dos "Seis Chapéus do Pensamento" de Edward de Bono:

Objetivo: Usar os "Seis Chapéus do Pensamento" para resolver um problema de maneira divertida e criativa.

Material:

- Seis chapéus de papel coloridos (ou pedaços de papel nas cores dos chapéus).
  - **Branco** (informação), **Vermelho** (emoções), **Preto** (crítica), **Amarelo** (positividade), **Verde** (criatividade), e **Azul** (organização).
- Lápis e papel.

Problema para Resolver: "A escola quer criar um espaço novo de brincadeiras, e precisa de ideias. O que poderia ser feito?"

Passos:

1. **Chapéu Branco (Informação):**

- Pergunta: "O que já sabemos sobre o espaço disponível? Ele é grande? É ao ar livre?"

- **Atividade:** Liste todos os fatos conhecidos sobre o espaço e o que já existe na escola.

2. **Chapéu Vermelho (Emoções):**

- Pergunta: "Como nos sentimos sobre criar um espaço novo? Estamos animados? Há algo que preocupa?"

- **Atividade:** Desenhe uma carinha feliz ou triste ao lado dos sentimentos e ideias sobre o espaço de brincadeiras.

3. **Chapéu Preto (Cautela):**

- Pergunta: "Há algum problema ou dificuldade que pode surgir? O que poderia dar errado?"

- **Atividade:** Liste duas ou três coisas que poderiam ser um desafio (ex: "Pode chover", "Pode faltar espaço").

4. **Chapéu Amarelo (Positividade):**

- Pergunta: "Quais os benefícios e as coisas boas sobre esse espaço novo? Como ele pode ajudar os alunos?"

- **Atividade:** Desenhe ou escreva ideias positivas, como “As crianças podem brincar ao ar livre”, “Será um lugar divertido para fazer novos amigos.”

5. **Chapéu Verde (Criatividade):**

- Pergunta: "Que novas ideias temos para esse espaço? Podemos pensar em algo diferente, como um jardim ou uma parede de escalada?"

- **Atividade:** Desenhe ou escreva ideias criativas que os outros talvez não tenham pensado.

6. **Chapéu Azul (Organização):**

- Pergunta: "Como podemos organizar nossas ideias para que tudo funcione bem? Qual o próximo passo?"

- **Atividade:** Organize as ideias em uma lista final do que o espaço de brincadeiras deve incluir e os passos necessários para transformar a ideia em realidade.

Conclusão: Depois que cada chapéu foi usado, os alunos revisam as ideias e escolhem as melhores para criar o novo espaço de brincadeiras!

Sobre o autor

Décio Martins de Medeiros, engenheiro de eletronica formado pelo ITA, publicou livros de poesias, teologia, religião, gestão, vendas, genealogia, memórias, criatividade, entretenimento.
Participa do blog Prazer Compartilhar e do Clube de Autores.
Confira as capas e sinopses de outros livros do autor em

https://sites.google.com/view/autordeciomartinsdemedeiros/

www.ingramcontent.com/pod-product-compliance
Lightning Source LLC
LaVergne TN
LVHW010457160826
845677LV00012B/2529

* 9 7 9 8 2 3 0 4 6 5 3 5 5 *